AF483713

EL MANIFIESTO DEL ANTICOMUNISMO PERMANENTE

No más Oscuridad para la Humanidad

por Osmer Martínez

El Manifiesto del Anticomunismo Permanente: No mas Oscuridad para la Humanidad
By Osmer Martínez
First Edition: November 2025
Second Edition: 2026
Published by
LMG International Publishing
Houston, Texas, United States of America
ISBN: 979-8-9950555-1-8

"Quiero ser libre para siempre"

"Manteniendo el comunismo lejos de mi"

"Manteniendo el comunismo lejos de mi"

Es el grito de la humanidad cansada de mentiras.

Por más que intenten disfrazar su fraude global,

ya el mundo sabe que el Comunismo solo trae

miseria, hambre, represión, control y muerte.

Esta frase es mi declaración;

ser libre para siempre, libre del Comunismo y

de cualquier sistema que intente

apagar la dignidad humana.

Osmer Martínez

"Quiero vivir libre para siempre"

EL MANIFIESTO DEL ANTICOMUNISMO PERMANENTE

No más oscuridad para la humanidad
por Osmer Martínez

PREÁMBULO

Nosotros, ciudadanos libres del mundo, hijos de la historia y herederos de siglos de lucha contra toda forma de opresión, nos unimos hoy para proclamar un principio eterno e innegociable; la libertad humana jamás podrá ser sometida sin resistencia.

Cada individuo nace con un potencial infinito, con la capacidad de crear, poseer, soñar, emprender y decidir sobre su propio destino. Ese derecho no proviene del Estado, ni de partidos políticos, ni de ideologías; es un derecho natural que pertenece exclusivamente al ser humano.

Sin embargo, a lo largo de la historia moderna, fuerzas autoritarias han intentado arrebatar estos derechos fundamentales, ideologías que se disfrazan de justicia social, igualdad obligada o revolución redentora, han buscado erosionar la libertad desde sus raíces más profundas.

El Comunismo, en todas sus variantes, versiones y mutaciones, ha sido la herramienta más peligrosa con la que se ha intentado destruir la propiedad privada, anular la iniciativa individual, suprimir la creatividad humana y someter a naciones enteras al dominio absoluto del Estado.

Este manifiesto nace como una respuesta moral, histórica y civilizatoria. Surge como una defensa firme ante la expansión global de ideologías que prometen paraísos imaginarios mientras instauran infiernos reales.

Nada ha sido más destructivo que los sistemas que, en nombre del pueblo, han encarcelado al pueblo; que, en nombre de la igualdad, han creado nuevas élites opresoras; que, en nombre de la justicia, han sembrado terror, hambre y muerte.

La humanidad no puede olvidar las lecciones más dolorosas de su pasado. Hoy afirmamos que la libertad económica, la libertad política, la libertad de pensamiento y la libertad de empresa constituyen los cuatro pilares que sostienen toda sociedad digna, próspera y verdaderamente humana.

Cuando uno de estos pilares se derrumba, la estructura completa de la civilización comienza a fracturarse. Ningún proyecto nacional, ninguna revolución, ningún discurso ideológico puede justificar el sacrificio de estas libertades esenciales.

Las sociedades libres prosperan; las sociedades sometidas se marchitan. Por ello, declaramos, ante el mundo, ante la historia y ante todas las generaciones futuras, que la humanidad tiene el derecho inviolable de prosperar sin ataduras impuestas por quienes desean uniformarlo todo.

El derecho de emprender sin miedo. El derecho de comerciar sin controles arbitrarios. El derecho de diferir, disentir, debatir y pensar sin que un poder superior determine qué ideas son permitidas y cuáles deben ser castigadas.

La libertad no es un lujo; es la condición indispensable para que exista el progreso humano. Creemos firmemente que el Capitalismo moderno ético, democrático, y abierto, representa la herramienta más poderosa que la humanidad ha creado para combatir la pobreza, expandir las oportunidades, fortalecer las naciones y promover la movilidad social. No es un sistema perfecto, pero es el único que ha demostrado, una y otra vez, ofrecer caminos reales hacia la prosperidad.

El libre mercado no es solo una teoría económica; es una declaración profunda de respeto hacia el individuo. Es la afirmación de que cada ser humano tiene el derecho a construir su propia vida, frente a quienes buscan regresar al oscurantismo económico, frente a quienes desean reinstalar modelos de control centralizado, frente a quienes promueven la obediencia colectiva por encima de la libertad individual; este manifiesto se levanta como un faro para la humanidad.

Un recordatorio de que ninguna tiranía puede perdurar cuando los individuos deciden defender su dignidad. Este manifiesto es una invitación y también una advertencia. Una invitación a quienes aman la libertad para que se unan a una causa que trasciende fronteras, idiomas y culturas, y una advertencia a quienes pretenden imponer ideologías fracasadas; la humanidad ya despertó, y no volverá a ser encadenada, porque la libertad no es negociable, porque la propiedad privada no es un privilegio, sino un derecho natural, porque la iniciativa individual es el motor que mueve a los pueblos hacia la grandeza, porque el pensamiento libre es el oxígeno de la civilización.

Este es el Manifiesto del Anticomunismo Permanente. Una voz que no callará, una llama que no se apagará, un compromiso con la verdad, la justicia, la creación y el progreso. Mientras exista un solo ser humano decidido a defender su libertad, ninguna oscuridad podrá imponerse sobre la humanidad.

Porque allí donde la libertad respira, incluso débil, renace la esperanza de un mundo que jamás volverá a someterse. Cada acto de valentía, cada idea libre y cada creación humana es un muro que ninguna tiranía ha logrado derribar. Toda generación tiene su batalla, y esta es la nuestra; proteger la dignidad, la propiedad y el derecho sagrado a prosperar frente al avance corrosivo del comunismo.

Porque esta ideología no solo amenaza instituciones; amenaza el alma creadora del individuo y su derecho natural a ser dueño de su destino. El Comunismo intenta apagar la chispa humana que transforma, emprende y construye; sustituyéndola por dependencia, pobreza y obediencia.

Pero mientras exista conciencia libre, su expansión tendrá límites, y su mentira nunca podrá imponerse sobre la realidad de la libertad. Este manifiesto es nuestro escudo intelectual, la afirmación de que ningún modelo colectivista podrá borrar la fuerza moral del trabajo y la propiedad privada.

Cada línea escrita aquí desafía al Comunismo recordándole que la humanidad nació para crear, no para ser administrada por el Estado.

Y mientras haya un solo ciudadano consciente de su dignidad, el Comunismo jamás logrará transformarnos en masa obediente.

Nuestra responsabilidad es sostener la luz del progreso, para que las generaciones futuras sepan que la libertad no es un recuerdo del pasado ni un privilegio otorgado por gobiernos benevolentes, sino una conquista que debe renovarse cada día.

Que ningún poder, por más absoluto que se declare, puede sustituir la voluntad creadora del individuo ni su derecho a soñar, construir y decidir su propio destino. Que cuando la humanidad elige avanzar, ninguna ideología totalitaria puede frenar ese impulso.

Y que mientras exista una sola conciencia despierta, una sola voz que se niegue a obedecer ciegamente, la luz de la libertad seguirá siendo más fuerte que cualquier oscuridad impuesta por un Estado Comunista.

"Manteniendo a los comunistas lejos de mi"

I.- PRINCIPIOS DEL CAPITALISMO

La Libertad como destino de la humanidad

Proclamamos que;

La libertad económica es la base sobre la cual cada individuo construye su propio destino. Allí donde el ciudadano puede producir, comerciar, trabajar y disfrutar del fruto de su esfuerzo sin ser despojado por el Estado, surge una sociedad próspera y creativa. La libertad económica no es solo un mecanismo de mercado; es el reconocimiento moral de que la riqueza legítima pertenece a quien la genera. Sin ella, la humanidad queda reducida a la dependencia y al control ideológico.

La libertad política

Es la garantía de que ningún poder pueda imponerse por encima de la voluntad ciudadana. Permite elegir gobernantes, cuestionarlos, sustituirlos y limitar sus abusos.

Sin libertad política, la democracia se convierte en una simulación y el ciudadano en un súbdito. La pluralidad, el voto libre, la separación de poderes y la alternancia son los muros que impiden que la tiranía comunista se instale bajo el disfraz de ideologías redentoras.

La libertad de pensamiento

Es la esencia misma de la dignidad humana. Donde se censura la crítica, donde se controla la palabra y donde se impone un discurso obligatorio, la sociedad se marchita. La libertad de pensamiento permite que florezcan la ciencia, la filosofía, el arte y la verdad.

Ningún gobierno tiene derecho a dictar cómo debe pensar el individuo. La mente libre es el territorio más sagrado de la humanidad, ese espacio invisible donde nacen las ideas que transforman al mundo. Allí, en el silencio del pensamiento propio, el ser humano descubre que su dignidad no proviene del Estado, sino de la conciencia de sí mismo. Y mientras esa chispa interior permanezca viva, ninguna ideología comunista podrá reclamar autoridad sobre lo que somos, sobre lo que sentimos, ni sobre la verdad que cada uno decide abrazar.

La libertad de empresa

Es el motor que impulsa la innovación, el empleo y el desarrollo. El emprendimiento libre permite que las ideas se transformen en progreso real y que cada persona pueda crear valor sin esperar permiso del Estado. Allí donde la empresa privada es sofocada, aparece la pobreza; donde es respetada, surge la prosperidad. La libre empresa abre caminos que ningún sistema colectivista puede ofrecer.

Estos cuatro principios; la libertad económica, la libertad política, la libertad de pensamiento y la libertad de empresa, son la esencia irrenunciable de toda sociedad que aspire a la prosperidad y a la grandeza. Ningún Estado Comunista puede apropiarse del fruto del trabajo humano.

Ningún partido Comunista puede imponer un modelo único de pensamiento. Ningún gobierno tiene derecho a controlar la vida privada. El individuo libre es la fuerza más grande de transformación de la humanidad y cuando estos principios se respetan, florecen la innovación, el progreso y la dignidad humana.

Toda nación que protege estas libertades abre las puertas a la creatividad y al desarrollo sin límites. Las sociedades que protegen la autonomía del ciudadano se vuelven fuerte, próspera y capaces de superar cualquier desafío.

II.- LA AMENAZA A LA HUMANIDAD

El Comunismo en todas sus formas

El Comunismo no es una teoría inofensiva ni un capítulo superado de la historia. Es una ideología de sometimiento, diseñada para controlar al individuo, destruir su autonomía y convertir a la sociedad en una estructura rígida, dócil y dependiente del Estado.

Sus símbolos pueden variar, sus discursos pueden cambiar y sus métodos pueden disfrazarse de justicia social o progreso, pero su objetivo esencial es siempre el mismo; concentrar todo el poder en manos de una élite política que nunca será cuestionada.

A lo largo de los siglos XX y XXI, esta doctrina ha demostrado que no importa la máscara que utilice. Desde sus inicios se presentó como "la emancipación del proletariado", "la lucha de clases" y "la dictadura del proletariado", términos usados por Marx y Engels para justificar la destrucción del orden social.

Lenin impuso después la "vanguardia del proletariado", el "centralismo democrático", la "expropiación de los expropiadores" y la figura de los "comisarios del pueblo", camuflando una dictadura bajo el lenguaje de la liberación.

Stalin lo rebautizó como "socialismo real", "colectivización", "planificación central" y "unidad del partido", mientras etiquetaba a sus víctimas como "enemigos del pueblo".

En Asia, el Comunismo también adoptó nuevos disfraces; China lo presentó como "socialismo con características chinas", "prosperidad común" y, más recientemente, el "Pensamiento Xi Jinping"; Corea del Norte lo transformó en la ideología "Juche" y la política "Songun", basada en la militarización total; Vietnam lo rebautizó como "renovación" (Đổi Mới) y "socialismo orientado al mercado".

Del mismo modo, en el hemisferio occidental, Cuba se convirtió en "revolución socialista", "poder popular" y

"Estado socialista", mientras que en América Latina mutó en "democracia participativa", "nacionalismo popular", "proyecto bolivariano", "revolución ciudadana", "socialismo del siglo XXI" y "modernización progresista".

Todos estos nombres, colores y discursos son simplemente máscaras distintas para la misma estructura totalitaria. Quienes la promueven comienzan prometiendo igualdad, pero terminan imponiendo pobreza; ofrecen justicia, pero entregan represión; hablan de inclusión, pero construyen una sociedad al servicio del partido Comunista; dicen defender al pueblo, pero destruyen su libertad.

El Comunismo anula la propiedad privada porque sabe que un ciudadano dueño de su trabajo es un ciudadano imposible de someter. La propiedad es autonomía, es poder, es dignidad.

Por eso la confiscan, la expropian o la sabotean mediante controles, impuestos abusivos o leyes diseñadas para debilitar al productor. Sin propiedad privada, el individuo queda a merced del Estado Comunista, y este a su vez se convierte en dueño de todo.

El Comunismo destruye los incentivos porque teme al mérito. En estas sociedades, quienes trabajan más no progresan, quienes innovan no prosperan y quienes producen no avanzan. El resultado inevitable es el estancamiento, la improductividad y la dependencia total del gobierno. Ninguna nación sometida a este sistema ha generado prosperidad; todas han colapsado o retrocedido décadas.

El Comunismo empobrece a las naciones porque reemplaza el valor del esfuerzo por la obediencia. La economía deja de responder a la creatividad del ciudadano para obedecer los decretos del partido.

La riqueza desaparece, la industria se paraliza y la sociedad entra en un círculo permanente de escasez, racionamiento y crisis. El hambre no es un accidente del comunismo; es una consecuencia lógica de destruir la libertad económica.

El Comunismo, incapaz de asumir sus propios fracasos, ha convertido la mentira en un mecanismo estructural de supervivencia política; siempre culpa al Capitalismo de sus propias deficiencias. Cuando su economía colapsa, acusan al "bloqueo"; cuando la gente huye, hablan de "guerra mediática"; cuando la escasez se vuelve insoportable, la atribuyen a "sabotajes externos". Cada miseria generada por su propia incompetencia es proyectada hacia enemigos imaginarios para limpiar su rostro ante los pueblos oprimidos.

El Comunismo censura la libertad porque no puede sobrevivir sin imponer un relato único. Controla la prensa, intimida a periodistas, destruye la educación libre y dicta qué ideas son correctas y cuáles deben ser perseguidas. Allí donde esta ideología avanza, la verdad es reemplazada por propaganda, la crítica por delación y la investigación científica por obediencia partidista. La censura no es una herramienta temporal; es el pilar fundamental de todo sistema comunista.

El Comunismo suprime la democracia porque necesita eliminar cualquier posibilidad de alternancia. Utiliza elecciones manipuladas, estructuras policiales, manipulación judicial, violencia institucional, grupos armados y fraudes constantes para asegurar que el poder nunca regrese al ciudadano. Lo que comienza como un movimiento "popular" termina siempre como un régimen de control absoluto.

El Comunismo aplasta el talento porque teme a las personas capaces de pensar, crear o liderar. Los intelectuales libres son perseguidos, los empresarios son expulsados, los profesionales son vigilados y los opositores silenciados.

Un régimen Comunista no puede permitir la existencia de individuos brillantes porque sabe que ellos representan una amenaza permanente para el poder central.

Por ello, a lo largo de los siglos XX y XXI, el Comunismo ha producido:

Dictaduras sangrientas: regímenes que han asesinado a millones bajo la excusa de "defender la revolución".

Estados criminales: gobiernos estructurados para delinquir, contrabandear, saquear y financiar grupos armados.

Narcotiranías: sistemas que usan el tráfico de drogas como herramienta de control político.

Pobreza masiva: sociedades destruidas por decisiones ideológicas que eliminan la productividad.

Hambrunas inducidas: tragedias creadas deliberadamente mediante la centralización económica.

Represión sistemática: tortura, vigilancia, encarcelamientos y castigo a la disidencia.

Por todo esto, el Comunismo sigue siendo la mayor amenaza estructural para la libertad humana. Porque no ataca solo instituciones; ataca la conciencia, la propiedad y la voluntad individual. Porque su esencia no es la igualdad, sino el control total sobre cada aspecto de la vida. Porque donde avanza, destruye la creación, inhibe el talento y asfixia la iniciativa. Porque se alimenta del miedo, del resentimiento y de la dependencia del Estado.

Porque su historia universal es un registro continuo de miseria, represión y violencia. Porque jamás ha generado prosperidad, solo ha multiplicado esclavitudes modernas.

"Quiero vivir libre para siempre"

III.- DOCTRINA DEL ANTICOMUNISMO PERMANENTE

Guía estratégica para estados, líderes y sociedades libres

La libertad no se conserva por inercia; debe ser defendida, cultivada y expandida. El Comunismo, en todas sus variantes y disfraces, jamás descansa, jamás se retira y nunca renuncia a su objetivo esencial; someter al individuo y destruir la autonomía económica, moral e institucional de la sociedad.

Por esta razón, las democracias capitalistas deben adoptar una doctrina permanente, clara y activa, capaz de reconocer, prevenir y neutralizar cualquier avance comunista, independientemente del nombre o disfraz que emplee.

Esta doctrina constituye una guía estratégica dirigida a presidentes, ministros, parlamentos, fuerzas armadas constitucionales, partidos democráticos, instituciones educativas y líderes cívicos.

Principio de resistencia permanente

"Identificar, exponer, confrontar y aislar al Comunismo en todas sus formas." Las democracias deben desarrollar mecanismos claros, firmes y constantes para contener cualquier avance ideológico o estructural del Comunismo.

Identificación de la infiltración ideológica

Debe detectarse activamente cualquier manifestación, red o estructura que promueva:

a) Lucha de clases.

b) Desprecio por el mérito.

c) Confiscación o debilitamiento de la propiedad privada.

d) Narrativas victimistas para dividir la sociedad.

e) Ataques sistemáticos al Capitalismo.

f) Rechazo a la alternancia en el poder.

g) Culto al líder populista.

h) Colectivismo obligatorio.

i) Censura encubierta como "protección social".

j) Expropiaciones o confiscaciones indirectas.

Las democracias capitalistas y de libre mercado deben mantenerse vigilantes ante la existencia de ONG de fachada, el financiamiento extranjero, la propaganda digital, los movimientos estudiantiles radicalizados o los partidos comunistas encubiertos que promueven este tipo de doctrinas.

Exposición pública del fracaso comunista

Todo Estado libre tiene la responsabilidad de educar, documentar y difundir de manera sistemática:

a) Los genocidios cometidos por regímenes comunistas.

b) Las hambrunas inducidas por la planificación de regímenes comunista.

c) La estructura de propaganda y manipulación ideológica del Comunismo.

d) El fracaso universal del Comunismo en materia económica.

e) Las violaciones masivas de derechos humanos por regímenes comunistas.

f) El patrón histórico repetido; promesas, control, miseria y represión.

La verdad, respaldada con evidencia, es el antídoto más poderoso contra la propaganda comunista.

Confrontación política de la narrativa comunista

Debe responderse especialmente a la técnica más utilizada por los comunistas:

"El Culpable es el Capitalismo"

Todo régimen comunista responsabiliza al Capitalismo por sus fracasos para lavarse el rostro ante los pueblos oprimidos por ellos mismos.

Si hay escasez, culpan al "mercado especulativo".

Si hay pobreza, culpan a "los empresarios".

Si hay represión, culpan a la "guerra mediática".

Si la economía colapsa, culpan al "bloqueo externo".

La verdad debe ser explicada de manera pública, pedagógica y permanente, evitando que el Comunismo encuentre refugio en narrativas manipuladoras.

Principio de protección estructural

Blindar las instituciones para que el Comunismo desaparezca. Ninguna democracia está a salvo sin una arquitectura institucional sólida y protegida. La experiencia histórica demuestra que los regímenes comunistas no conquistan naciones de un día para otro; primero erosionan las instituciones, después neutralizan los contrapesos y finalmente capturan el aparato del Estado.

Para ello deben aplicar los siguientes principios:

a) No expropiación arbitraria.

b) No confiscación disfrazada de legalidad.

c) No intervención estatal que destruya incentivos productivos.

d) No Leyes o regulaciones que desalienten la inversión.

e) Fortalecer leyes que protejan a las empresas privadas.

f) Defensa de la libertad de prensa y la educación crítica.

Se debe prohibir por mandato constitucional:

a) Que existan partidos comunistas en cualquiera de sus formas.

b) Que la ideología Comunista se infiltre en escuelas, mediante activismo docente.

c) Que los gobiernos de izquierda transformen los medios en aparatos de propaganda comunista.

d) Que las universidades se conviertan en centros de adoctrinamiento ideológico

e) Que se prohíba cualquier intento de restringir el pensamiento libre, garantizado como defensa constitucional permanente contra el Comunismo.

f) Que se prohíba toda alteración de la independencia judicial y de la alternancia democrática cada cuatro años.

El Comunismo siempre coloniza primero; tribunales, fiscalías y cortes constitucionales, para luego declarar "legal" su represión. Debe blindarse la neutralidad de la justicia y proteger la alternancia como principio inviolable.

Las Fuerzas Armadas deben mantenerse institucionales en defensa de la Constitución Nacional y del estamento jurídico de un estado nación. No responder jamás a un partido o ideología. Proteger la soberanía ciudadana y rechazar la militarización partidista.

Las Fuerzas Armadas existen para proteger a la Nación, no para servir a ideologías de izquierda ni a caudillos comunistas. Su honor nace de la obediencia absoluta a la Constitución y de su compromiso con el pueblo al que juraron defender. Por mandato constitucional, sus integrantes no podrán, ni deberán ejercer el derecho al voto ni ocupar cargo público alguno, a fin de garantizar su neutralidad permanente y evitar cualquier forma de politización.

Cuando permanecen subordinadas al poder civil legítimo, se convierten en el escudo más sólido contra toda forma de tiranía, pero cuando son politizadas, dejan de ser guardianes de la República y se transforman en herramientas de opresión.

Por eso, su misión sagrada es mantenerse siempre al lado de la libertad, jamás del Comunismo ni de ningún proyecto autoritario. Y mientras esa lealtad permanezca intacta, ninguna oscuridad podrá imponerse sobre la voluntad soberana del pueblo.

Principio de expansión liberal

La libertad debe crecer más rápido que los regímenes que buscan destruirla. La mejor defensa frente al Comunismo es la prosperidad e impulsar el Capitalismo moderno.

Los gobiernos capitalistas y de libre mercado deben promover:
a) Emprendimiento.
b) Innovación tecnológica.
c) Competencia abierta.
d) Movilidad social.
e) Inversión privada.
f) Integración global.

El Capitalismo dinámico crea oportunidades y reduce el terreno fértil para el resentimiento ideológico.

Generar prosperidad visible

Cuando el ciudadano progresa, es menos vulnerable a discursos populistas. La prosperidad real es un antídoto contra la manipulación.

Exportar libertad

Los países democráticos deben apoyar:

a) Movimientos prodemocráticos.

b) ONG de derechos humanos.

c) Voces independientes.

d) Exiliados políticos.

e) Programas de educación cívica global.

f) La libertad no debe ser defensiva; debe ser expansiva y permanente.

g) Combatir la desinformación comunista.

Los regímenes comunistas operan redes globales de propaganda. Se les debe enfrentar con:

a) Información verificable.

b) Transparencia.

c) Datos históricos.

d) Libertad informativa.

e) Educación cívica basada en hechos y no en ideologías.

f) Medios independientes con protección jurídica sólida.

g) Observatorios ciudadanos contra la desinformación.

h) Colaboración internacional entre democracias para exponer narrativas falsas.

i) Divulgación científica libre de sesgos políticos.

j) Plataformas digitales comprometidas con la veracidad y la responsabilidad editorial.

k) Promoción activa del pensamiento crítico en todas las edades.

DECLARACIÓN CENTRAL DE LA DOCTRINA DEL ANTICOMUNISMO

La libertad no es un estado final, la libertad es una misión perpetua. Cada generación tiene el deber moral de defenderla. Cada nación democrática Capitalista tiene la obligación histórica de protegerla. Cada líder libre del mundo tiene la responsabilidad de expandirla sin miedo, porque nos enfrentamos a una batalla cultural permanente.

Mientras exista un solo régimen, partido o movimiento Comunista que desee anular al individuo y otorgar todo el poder al Estado, la Doctrina del Anticomunismo Permanente seguirá siendo necesaria, porque la libertad no se negocia, la libertad se defiende, la   se debe exportar a todos los países del mundo, como una política moral de resistencia global que fortalezca a las democracias y debilite para siempre a las tiranías que amenazan a la humanidad.

"Manteniendo a los socialistas lejos de mí"

IV. LA EXPANSIÓN DEL CAPITALISMO COMO FUERZA CIVILIZADORA

Declaramos que el Capitalismo moderno no es únicamente un sistema económico; es una fuerza civilizadora, una arquitectura de libertad que permite que la humanidad avance, innove, cree y prospere sin cadenas ni tutelas ideológicas.

Allí donde el Capitalismo se expande, surge la evidencia histórica más contundente; los pueblos se liberan, las sociedades florecen y la dignidad humana se fortalece.

A continuación, se desarrolla cada uno de los principios que convierten al Capitalismo en el motor más exitoso del progreso mundial.

Crea riqueza

El Capitalismo produce riqueza real porque se fundamenta en la libertad del individuo para trabajar, invertir, asociarse y crear.

No reparte pobreza, multiplica oportunidades. Cada invento, cada empresa, cada innovación genera un efecto expansivo que beneficia a millones, no a una cúpula político-partidista como ocurre en los regímenes comunistas.

Reduce pobreza

La evidencia global es contundente; las naciones que adoptaron el Capitalismo moderno redujeron sus niveles de pobreza más rápido que cualquier otro modelo en la historia humana.

No lo hizo la planificación centralizada, no lo hicieron los comités del partido; lo hizo la libertad económica. Cuando las personas pueden trabajar y emprender, salen de la pobreza por sí mismas, sin depender de subsidios eternos que solo producen dependencia política y miseria.

Fomenta la innovación

Las grandes revoluciones tecnológicas, desde el microchip hasta la biotecnología, nacieron en sociedades libres donde se premia la creatividad, no en economías comunistas donde se castiga la diferencia. La innovación surge del riesgo, del pensamiento independiente y del deseo de transformar el mundo, condiciones que el Comunismo destruye sistemáticamente.

Premia el esfuerzo

En el Capitalismo nadie necesita permiso del Estado para crecer. El mérito es recompensado y el esfuerzo tiene sentido porque genera progreso personal. Esto contrasta con los regímenes comunistas, donde esforzarse no cambia el destino del individuo; el Estado decide todo, distribuye todo, controla todo y destruye cualquier incentivo al trabajo productivo.

Incentiva el emprendimiento

El Capitalismo convierte ideas en empresas, empresas en industrias y sueños en realidades. Cada emprendedor que abre un negocio se convierte en un actor de cambio, generador de empleo y multiplicador de oportunidades. En los regímenes comunistas, en cambio, el emprendedor es un enemigo del sistema.

Produce bienestar

Las sociedades capitalistas tienen mejores sistemas de salud, mejores infraestructuras, mayor esperanza de vida y mejores estándares de vida; ¿por qué? Porque la competencia impulsa la calidad y la eficiencia, y la libertad permite corregir errores rápidamente sin esperar órdenes del partido Comunista.

Conecta naciones

El Capitalismo une a los pueblos mediante el comercio, la cooperación tecnológica y los mercados globales. Mientras el Comunismo levanta muros y fronteras mentales, el Capitalismo derriba barreras y abre oportunidades para que cada país prospere mediante el intercambio y la colaboración.

Genera oportunidades

La movilidad social, la capacidad de nacer en la pobreza y ascender mediante el esfuerzo, solo existe plenamente en sociedades capitalistas. En los regímenes comunistas, la cúpula del partido decide quién asciende y quién es aplastado.

Eleva la calidad de vida

Los países Capitalistas con libre mercado son más competitivos, tienen mejores salarios, mejores servicios, mejor tecnología y más bienestar para sus ciudadanos. El Capitalismo no promete un paraíso dictado por el Estado; construye progreso real, medible y sostenible.

Donde llega el Capitalismo, llega:

La ciencia

La investigación científica florece cuando hay libertad intelectual, financiamiento privado y competencia por generar conocimiento. En los regímenes comunistas, la ciencia es censurada, politizada o manipulada.

El desarrollo

El desarrollo económico surge cuando se permite la acumulación de capital, la inversión privada y la innovación empresarial. Sin estos elementos, las naciones quedan atrapadas en el atraso y la dependencia estatal.

La educación

El Capitalismo impulsa sistemas educativos dinámicos, competitivos y orientados a resultados. El Comunismo transforma la educación en adoctrinamiento.

La infraestructura

Las grandes autopistas, aeropuertos, puertos, redes tecnológicas y sistemas de transporte modernos son frutos del capital y la competencia, no del Comunismo y su burocracia, cuando un país cae en manos de gobiernos comunistas, todo el desarrollo Capitalista es destruido.

La competencia

La competencia obliga a mejorar, a producir más y mejor. Sin competencia, solo queda la mediocridad planificada.

La libertad

El Capitalismo se basa en la idea fundamental de que el individuo es dueño de su destino. Sin libertad económica no existe libertad política.

La movilidad social

El Capitalismo permite ascender, crecer y prosperar a quien esté dispuesto a trabajar y asumir riesgos. En los regímenes comunistas, la única movilidad social posible es servir al partido.

La creatividad empresarial

La creatividad florece donde existe libertad para soñar, crear y construir. Los sistemas comunistas matan la creatividad porque todo debe ajustarse al dogma ideológico. El mercado competitivo es más que una estructura económica; es la chispa que despierta el ingenio humano y convierte la libertad en progreso.

La felicidad y el bienestar

El Capitalismo fortalece la felicidad y el bienestar porque permite que cada individuo sea arquitecto de su propio destino. En una economía libre, las familias prosperan gracias a la seguridad jurídica, la propiedad privada y las oportunidades que nacen de la creatividad humana. La competencia genera mejores salarios, más opciones, mejor calidad de vida y un acceso real a bienes y servicios que elevan el bienestar cotidiano. El mérito reemplaza a la imposición, la libertad sustituye al control y la prosperidad desplaza a la escasez.

V.- PRINCIPIOS RECTORES DE LA NUEVA ERA LIBERAL

Doctrina moral para Estados, líderes y sociedades libres

1. Un mundo sin Comunismo

Un mundo verdaderamente libre es aquel donde ninguna ideología pretende uniformar la conciencia humana. La nueva era liberal se fundamenta en una visión ética; la libertad, la razón y la prosperidad son derechos naturales, no concesiones del poder político.

2. El Estado limitado

El Estado liberal existe para proteger la libertad, no para administrarla. Su misión no es controlar la vida del individuo, sino resguardar sus derechos. Cuando se expande más allá de sus límites naturales, se convierte en amenaza; cuando respeta la Constitución, se transforma en garante de dignidad humana.

3. La propiedad privada como pilar moral

La propiedad privada no es un privilegio económico; es un derecho humano esencial. Sin propiedad no hay autonomía; sin autonomía no hay libertad; y sin libertad no puede existir progreso. Una sociedad que protege la propiedad protege al ser humano en su capacidad de construir un destino propio.

4. La innovación como deber civilizatorio

El progreso nace donde el espíritu humano es libre. Inventar, crear, emprender y transformar la realidad son actos imposibles bajo regímenes comunistas que exigen obediencia y silencio. La nueva era liberal coloca la innovación en el centro del desarrollo, porque una nación que piensa y crea es una nación que avanza.

5. Libre comercio como fuerza de paz

Los mercados abiertos reducen conflictos, multiplican oportunidades y expanden la riqueza. El intercambio entre naciones fortalece culturas y conecta pueblos. Un mundo sin Comunismo es un mundo donde los Estados comercian en libertad y la cooperación reemplaza a la confrontación ideológica.

6. Educación económica permanente

El futuro de la libertad depende del conocimiento. La humanidad debe comprender cómo se produce la riqueza, por qué los mercados funcionan y cómo el exceso de Estado destruye oportunidades. La ignorancia económica alimenta al Comunismo; la educación económica es su vacuna definitiva.

7. Instituciones fuertes y blindadas del poder político

La libertad requiere instituciones independientes, capaces de resistir presiones partidistas y tentaciones autoritarias. La justicia debe servir a la ley, no a gobiernos. Donde la alternancia democrática es real, la libertad florece; donde la justicia se convierte en instrumento del gobernante, nace el Comunismo.

8. Cultura del emprendimiento

El emprendedor no es enemigo del pueblo; es su motor moral y económico. Genera empleo, crea riqueza y multiplica oportunidades. Honrar al empresario es honrar el trabajo y el mérito. La nueva era liberal reconoce que cada emprendedor es una antorcha que ilumina el camino contra la pobreza y la dependencia estatal.

Declaración Final

Proclamamos que estos principios son la base de una humanidad libre de Comunismo, una civilización que abandona para siempre la oscuridad comunista y abraza la razón, la innovación, la propiedad y la libertad como destino.

VI. ESTRATEGIA GLOBAL DEL ANTICOMUNISMO PERMANENTE

Para expandir la libertad proponemos una estrategia internacional basada en:

a) Alianzas entre democracias capitalistas.

b) Los países libres deben actuar unidos.

c) Bloqueo diplomático y económico a dictaduras comunistas de manera permanente.

d) El mundo libre no debe financiar tiranos.

e) Integración comercial profunda sin la participación de regímenes comunistas.

f) Más comercio, menos conflicto.

g) Protección del emprendedor global. La empresa privada es un ejército silencioso contra la pobreza.

h) Exposición permanente de los crímenes comunistas. La verdad debe ser parte del currículo universal.

i) Expansión cultural del mérito.

j) Historias de éxito como inspiración de libertad.

Establecer un veto permanente que impida a los gobiernos comunistas ocupar, influir o participar en organismos multilaterales, con el fin de proteger la integridad democrática del sistema internacional.

OBJETIVO SUPREMO

Erradicar el Comunismo del pensamiento humano.

- 47 -

Proclamamos como destino histórico de las naciones libres la construcción de una humanidad donde el Comunismo sea imposible en la práctica e impensable en la conciencia humana. Un mundo donde la mente humana nunca más sea capturada por ideologías que prometen igualdad mientras siembran miseria, resentimiento y obediencia.

Los pueblos reconozcan el Comunismo como el mayor fraude moral y económico del siglo XX y XXI, responsable de hambrunas inducidas, genocidios, represión y destrucción institucional.

Ninguna narrativa totalitaria vuelva a reemplazar la dignidad individual por la obediencia colectiva, ni se disfrace bajo nombres como "socialismo del siglo XXI", "democracia participativa", "revolución popular" o "justicia social revolucionaria".

Las nuevas generaciones reciban educación libre basada en evidencia histórica, no propaganda ideológica, asegurando que nunca repitan los errores que costaron millones de vidas. La verdad documentada de los crímenes del Comunismo se convierta en un muro permanente contra cualquier intento de reactivarlo, sin revisionismos ni mentiras.

Ninguna sociedad vuelva a creer que sacrificar libertad produce justicia, porque la historia ha demostrado que solo produce represión, pobreza y violencia de Estado.

Cada ciudadano comprenda que la libertad económica es la defensa más poderosa contra cualquier proyecto colectivista. El pensamiento crítico prevalezca sobre el adoctrinamiento, derrotando para siempre las técnicas de manipulación emocional usadas por regímenes comunistas.

La creatividad humana sea el motor del desarrollo, no la obediencia doctrinal ni la dependencia del Estado. Las naciones libres identifiquen y rechacen todo intento de reintroducir el Comunismo, aunque adopte nuevos símbolos, discursos o estrategias.

La evidencia histórica y científica supere las narrativas de odio o victimización que el Comunismo utiliza para justificar sus abusos. Ningún Estado considere moralmente aceptable una doctrina que destruye el mérito, la propiedad privada y la libertad individual.

La humanidad reconozca que ninguna utopía que exige sacrificios humanos puede ser legítima. El progreso se entienda como resultado del esfuerzo individual, la innovación y la competencia, jamás del control estatal.

El Comunismo sea recordado únicamente como una advertencia histórica, no como una alternativa política viable. Los ciudadanos libres rechacen toda forma de odio hacia quienes producen, crean, invierten o emprenden, reconociéndolos como pilares del desarrollo nacional.

Ningún individuo entregue su dignidad al Estado, porque un Estado que controla la vida privada es el inicio del totalitarismo. La humanidad avance hacia un futuro donde el

Comunismo sea incompatible con la razón, la moral, la evidencia y la libertad.

Los gobiernos garanticen que nadie dependa del Estado para sobrevivir, porque la dependencia es la herramienta más efectiva de dominación comunista.

Las oportunidades nazcan del mérito, no de la subordinación política. La creatividad humana sea ilimitada y jamás sujeta a controles ideológicos. La riqueza se produzca sin restricciones artificiales y sin castigos al éxito. Las ideas y la libre expresión sean más poderosas que cualquier aparato coercitivo.

El individuo se sitúe siempre por encima del Estado, y el Estado exista únicamente para proteger derechos, no para administrarlos. La verdad histórica no pueda ser silenciada por ninguna ideología, sin importar su nombre o disfraz. El conocimiento circule sin censura, defendiendo el libre acceso a la ciencia, la tecnología y la investigación.
La ciencia y la razón dirijan a las sociedades, no el fanatismo Comunista disfrazado de justicia social. El trabajo honesto sea

la base de toda grandeza humana, y jamás sea castigado o confiscado por el Estado Comunista.

Los sueños individuales valgan más que cualquier plan centralizado, porque la creatividad humana es superior a la planificación autoritaria Comunista. Los ciudadanos vivan sin miedo a pensar diferente, condición indispensable para la democracia.

El progreso avance a través de innovación, competencia, cooperación y libertad, no por coerción o planificación estatal. Los gobiernos rindan cuentas al pueblo, nunca el pueblo al gobierno, como exige todo sistema Comunista.

La solidaridad surja de la libertad y la voluntad, no de la imposición ni del control estatal. La humanidad jamás regrese a modelos que convirtieron al individuo en súbdito del Estado, sino que avance hacia sociedades abiertas, prósperas y libres.

"Quiero vivir libre para siempre"

VII. LLAMADO FINAL A LA HUMANIDAD

Convocamos a:

a) Emprendedores, motores de la innovación económica.

b) Artistas, guardianes de la verdad emocional y cultural.

c) Trabajadores, columna vertebral de toda nación libre.

d) Estudiantes, herederos del futuro y dueños del pensamiento crítico.

e) Científicos, protectores de la razón, la evidencia y la verdad.

f) Ciudadanos, sin distinción de origen, credo o ideología democrática.

g) Defensores de la democracia, en todas sus formas
institucionales.

h) Maestros y educadores, responsables de liberar
mentes, no adoctrinarlas.

i) Profesionales y técnicos, que construyen progreso
real con conocimiento y esfuerzo.

j) Periodistas libres, voz indispensable contra la
censura y la propaganda.

k) Empresarios y creadores de riqueza, que abren
caminos donde antes había escasez.

l) Exiliados y víctimas del Comunismo, testigos vivos
de su horror.

m) Militares constitucionales, cuya lealtad es a la
libertad y no al partido.

n) Juristas, jueces y abogados, guardianes de la justicia
independiente.

o) Organizaciones de derechos humanos, dedicadas a

proteger la dignidad humana.

p) Líderes religiosos, defensores de la libertad

espiritual frente a los Estados totalitarios.

q) Investigadores y académicos, comprometidos con

la verdad histórica.

r) Innovadores tecnológicos, que expanden los límites

de la libertad individual.

s) Médicos y personal de salud, protectores de la vida

frente a los sistemas que la destruyen.

t) Agricultores y productores, quienes mantienen viva

la soberanía alimentaria ajena a controles estatales.

u) Emigrantes y migrantes, que conocen de primera

mano la diferencia entre libertad y opresión.

v) Líderes comunitarios, que fortalecen la sociedad

civil desde abajo.

w) Defensores de la propiedad privada, pilar de toda libertad real.

x) Intelectuales y pensadores, que ofrecen luz donde otros siembran oscuridad.

y) Innovadores sociales, que transforman comunidades sin esperar órdenes del Estado.

A unirse en una misión histórica:

a) Defender la libertad.

b) Expandir la prosperidad.

c) Derrotar el colectivismo totalitario.

Toda decisión pública debe evaluarse exclusivamente por su impacto en el progreso real de las personas, jamás por su utilidad para ampliar el poder de un Estado Comunista.

VIII. LA ERA MÁS OSCURA DE LA HUMANIDAD

El origen delincuencial del Comunismo, el Comunismo no nació como doctrina noble

Karl Heinrich Marx (1818–1883) y **Friedrich Engels** (1820–1895) no solo nunca construyeron prosperidad; ambos arrastraban un historial de vida marcado por prácticas contradictorias, conductas inmorales y acciones que anticipaban el carácter destructivo de su ideología.

Marx, quien predicaba la abolición de la propiedad privada, vivió gran parte de su vida financiado por el propio Engels, aceptando dinero que Engels obtenía de la fábrica textil de su padre, donde existía explotación laboral, algo que Marx denunciaba públicamente, pero disfrutaba en privado. Marx además dejó múltiples deudas impagas, fue investigado por desorden social en Alemania, y fue expulsado de varios países por incitar a la violencia, participar en conspiraciones revolucionarias y promover la insurrección armada. Engels, por su parte, mantuvo doble vida ideológica, administrando empresas capitalistas mientras financiaba movimientos violentos; además participó en células revolucionarias que promovían la destrucción del orden político europeo durante las "Revoluciones de 1848".

Desde 1848, con el Manifiesto Comunista, ambos dieron forma a una ideología que justificaba la violencia, la destrucción del Estado de derecho y el uso de la fuerza como método político. Su doctrina nació contaminada por resentimiento, odio clasista y un desprecio absoluto por la vida individual.

Décadas más tarde, **Vladimir Ilich Uliánov "Lenin"** (1870–1924) transformó esa teoría en delincuencia política organizada. Antes de convertirse en líder bolchevique, Lenin estuvo implicado en actividades subversivas, conspiraciones clandestinas, falsificación de documentos, robos para financiar al partido y desestabilización violenta del Imperio Ruso.

Desde 1902, con ¿Qué hacer?, estructuró la idea de la "vanguardia del proletariado", un partido único clandestino destinado a tomar el poder mediante terrorismo político.

Tras dirigir el golpe de Estado bolchevique en 1917, instauró el Terror Rojo, legalizó los fusilamientos extrajudiciales, ordenó robos sistemáticos de propiedades privadas, confiscó bancos, cerró periódicos y creó los primeros campos de concentración soviéticos. Su historial incluye persecución religiosa, censura total y uso deliberado del hambre como herramienta de control.

A su muerte, su sucesor **Iosif Vissariónovich Dzhugashvili "Josef Stalin"** (1878–1953), cuya juventud estuvo marcada por un historial criminal claro; robos, atracos, secuestros para obtener rescate, extorsiones, incendios provocados, financiación del partido mediante actividades delictivas, y vínculos con mafias del Cáucaso; llevó la ideología comunista a su expresión más sangrienta.

Stalin fue buscado por la policía zarista por bandolerismo y terrorismo mucho antes de tomar el poder. Desde 1928, instauró colectivizaciones forzadas que generaron hambrunas inducidas como el Holodomor (1932–33), ejecutó purgas masivas, ordenó asesinatos políticos dentro y fuera de la URSS, deportó a millones a los Gulags y consolidó un Estado policial sin precedentes. Su régimen produjo la eliminación sistemática de opositores, científicos, militares, campesinos y minorías étnicas, dejando un legado de muerte que supera los 20 millones de víctimas.

Trotsky y la "Revolución Permanente

León Davidovich Bronstein, conocido como León Trotsky (1879–1940), fue uno de los arquitectos más agresivos y radicales de la violencia revolucionaria. Lejos de ser un intelectual "idealista", Trotsky fue un operador político que promovió la guerra infinita, la destrucción de gobiernos legítimos y la instauración de regímenes de terror donde quiera que pudiera sembrar inestabilidad.

Desde 1905, Trotsky comenzó a divulgar su teoría de la "Revolución Permanente", una doctrina que sostenía que ningún país debía estabilizarse, desarrollarse ni consolidar democracia alguna. Según su visión, la revolución debía extenderse sin pausa, de nación en nación, mediante métodos violentos, insurrecciones armadas, propaganda subversiva y la destrucción de toda estructura institucional que impidiera el ascenso del Comunismo.

Su rol en la Revolución Bolchevique de 1917 fue profundamente represivo. Como fundador y comandante del Ejército Rojo, Trotsky dirigió campañas brutales contra campesinos, opositores, minorías étnicas y comunidades que se resistían al dominio comunista. Implementó ejecuciones sumarias, deportaciones masivas y castigos colectivos que sembraron terror en el territorio ruso, consolidando el primer Estado totalitario marxista de la historia moderna.

La idea central de Trotsky era devastadora: si una nación lograba democracia, prosperidad o estabilidad, debía ser destruida para "reactivar" la revolución mundial. Su proyecto no era liberar a los pueblos, sino convertirlos en plataformas eternas de guerra ideológica.

Esta visión lo enfrentó violentamente con Stalin. Pero su expulsión de la Unión Soviética no significó el fin de su influencia: Trotsky siguió promoviendo la insurrección global desde Europa, Turquía y finalmente México, donde continuó impulsando movimientos clandestinos y violentos destinados a desestabilizar gobiernos legítimos en todo el mundo.

Su vida terminó como había vivido; en medio de la violencia que él mismo propagó. El 20 de agosto de 1940, Trotsky fue asesinado con un piolet clavado en la cabeza por Ramón Mercader, agente enviado por Stalin para silenciarlo. Su muerte simbolizó el destino inevitable de las disputas internas del Comunismo; traición, purgas y eliminación física de quienes representan amenaza para la maquinaria totalitaria.

Trotsky no fue un pensador perseguido. Fue un arquitecto del caos. No fue un reformista incomprendido. Fue un revolucionario convencido de que la humanidad debía vivir eternamente en guerra, hasta que el Comunismo dominara el planeta.

En conjunto, **Marx, Engels, Lenin, Stalin y Trotsky** no fueron filósofos inocentes ni líderes malinterpretados; fueron arquitectos, operadores y ejecutores de una ideología con raíces criminales, métodos y resultados criminales.

Lejos de representar una búsqueda de justicia social, estos cinco hombres construyeron, promovieron y ejecutaron un sistema basado en el resentimiento, la violencia revolucionaria, el odio de clases y la aniquilación del individuo.

Marx y Engels sentaron las bases intelectuales de la destrucción, justificando la violencia, la incautación de la propiedad y la dictadura de un partido único. **Lenin** transformó esas ideas en un aparato clandestino, represivo y totalitario que inauguró el terrorismo político moderno.

Stalin, su heredero, perfeccionó el crimen como política de Estado, con hambrunas inducidas, purgas masivas, deportaciones y asesinatos planificados para consolidar un régimen de terror absoluto.

Trotsky, lejos de ser una figura romántica o un "intelectual exiliado", dedicó su vida a promover la guerra permanente, la subversión internacional y la destrucción de gobiernos democráticos. Su teoría de la Revolución Permanente no buscaba liberar a los pueblos, sino mantenerlos en un estado perpetuo de conflicto, caos e insurrección hasta que el Comunismo dominara la humanidad entera.

Los cinco compartieron la misma raíz; una visión del ser humano como materia moldeable por la fuerza, y de la sociedad como un campo de batalla donde la vida, la libertad y la propiedad pueden ser sacrificadas sin remordimiento.

Sus biografías no muestran a reformadores incomprendidos, sino a líderes que justificaron campos de concentración, purgas, confiscaciones, hambrunas, adoctrinamiento, represión, terrorismo político y la destrucción moral de naciones enteras.

Por eso, el Comunismo no nació como un proyecto de justicia; nació como un mecanismo de dominación, un sistema donde el Estado reemplaza la conciencia individual, donde la violencia sustituye al diálogo y donde el poder se perpetúa mediante el miedo, la miseria y la muerte. El legado de **Marx, Engels, Lenin, Stalin y Trotsky** demuestra que su ideología no puede reformarse ni maquillarse; es criminal en su origen, criminal en su aplicación y criminal en sus consecuencias para la humanidad.

"Quiero vivir libre para siempre"

LA PANDEMIA ROJA EN ASIA

China: "El régimen comunista más poblado del planeta"

Mao Zedong; (1893–1976) Asesino responsable de la mayor masacre política del siglo XX. Líder absoluto del Partido Comunista Chino, causó entre 35 y 45 millones de muertes durante el Gran Salto Adelante (1958–1962), una política que provocó hambrunas masivas, colapsos productivos y persecución brutal contra campesinos.

Posteriormente dirigió la Revolución Cultural (1966–1976), una campaña de represión ideológica, torturas, ejecuciones públicas y destrucción cultural que sometió a todo un país al culto totalitario del líder.

Zhou Enlai; ejecutor político del terror maoísta. Fue la mano derecha de Mao y su operador más disciplinado. Aunque es presentado por algunos como moderado, en realidad fue cómplice directo de las purgas, de la represión sistemática y del aparato de vigilancia que destruyó millones de vidas. Su rol en sostener el Estado policial comunista fue fundamental para que las atrocidades se consolidaran.

Liu Shaoqi; arquitecto del control comunista y víctima de su propia maquinaria. Como presidente de la República Popular China y dirigente clave en la consolidación del régimen (1949–1960), contribuyó a crear y expandir el aparato de persecución ideológica y el control total del Partido sobre la vida económica y social. Más tarde, durante la Revolución Cultural, fue humillado, torturado y asesinado por la misma estructura represiva que ayudó a construir, demostrando cómo el Comunismo devora incluso a sus propios líderes.

Camboya Comunista
Pol Pot y los Jemeres Rojos

Pol Pot (1975-1979) asesino comunista, líder de los Jemeres Rojos y principal responsable del genocidio camboyano. Bajo su régimen, entre 1.7 y 2 millones de personas murieron por ejecuciones, torturas, trabajos forzados, hambruna y purgas étnicas. Su proyecto "Año Cero" buscó eliminar la propiedad privada, la religión, la educación, las ciudades y todo rastro de individualidad humana.

Nuon Chea (1975-1979) conocido como Hermano No. 2, fue el principal ideólogo del terror comunista en Camboya. Diseñó la estructura represiva del régimen, justificó la "limpieza" social, étnica e intelectual, y supervisó la ejecución de miles de personas. Fue condenado por genocidio y crímenes contra la humanidad.

Vietnam
El Comunismo militarista que aplastó libertades

Ho Chi Minh (1890–1969), fundador del Partido Comunista de Vietnam, impuso un modelo totalitario basado en purgas políticas, reeducación forzada, confiscación de tierras, censura absoluta y persecución religiosa. Su régimen consolidó un sistema donde la libertad individual fue subordinada completamente al partido.

Le Duan (1960–1986), sucesor de Ho Chi Minh y principal ideólogo del Vietnam unificado, profundizó el Estado unipartidista, institucionalizó la represión política, endureció la vigilancia social y consolidó la maquinaria comunista que eliminó la libertad económica, política y religiosa del país.

Corea del Norte:
La dinastía comunista del terror absoluto

Kim Il-sung (1948–1994) fundador del régimen comunista en 1948 y creador del sistema Juche, instauró uno de los aparatos de represión total más implacables del siglo XX. Bajo su mando se establecieron campos de concentración (kwanliso), control absoluto del pensamiento, purgas políticas y una vigilancia estatal que convirtió al ciudadano en propiedad del Partido. Su culto a la personalidad fue la base de una dictadura hereditaria sin precedentes.

Kim Jong-il (1994–2011) heredó el poder en 1994 e intensificó el modelo comunista de control total. Entre 1994 y 1998 fue responsable de la gran hambruna (Arduous March), que ocasionó entre 1 y 2,5 millones de muertes. Expandió el sistema de campos de trabajo forzado, reforzó la militarización del Estado y consolidó una economía planificada que destruyó cualquier forma de iniciativa privada.

Kim Jong-un Dictador desde 2011. Ejecutó purgas familiares (incluyendo a su tío Jang Song-thaek en 2013 y presuntamente a su medio hermano Kim Jong-nam en 2017), intensificó el programa nuclear, amplió los campos de trabajo forzado y elevó el control totalitario sobre la vida personal, la economía, la religión y la información. Su régimen mantiene a la población bajo aislamiento extremo, propaganda permanente y represión absoluta.

"Manteniendo el comunismo lejos de mi"

LA PANDEMIA ROJA EN AFRICA

La expansión comunista a través del terror y la guerra

Etiopía
El Terror Rojo del Comunismo africano

Mengistu Haile Mariam (1974-1991) Dictador comunista etíope, arquitecto del Terror Rojo y uno de los responsables de exterminio político más brutales de África en el siglo XX. Su régimen aplicó ejecuciones masivas, desapariciones, torturas, campos de detención, confiscación total de propiedades y hambrunas provocadas por políticas marxistas-leninistas.

Angola
El marxismo africano impuesto por el MPLA

Agostinho Neto (1975–1979) médico, poeta y líder marxistaleninista del Movimiento Popular de Libertação de Angola (MPLA). Fue aliado directo de la URSS y de Cuba, quienes convirtieron a Angola en uno de los principales escenarios de la Guerra Fría en África. Durante su mandato se ejecutaron purgas masivas dentro del MPLA, especialmente la masacre del 27 de mayo de 1977, donde entre 2,000 y 80,000 simpatizantes y opositores fueron asesinados.

Arrestos sin juicio, torturas y desapariciones. Confiscación de propiedades y colectivización forzada. Censura total y persecución ideológica contra movimientos no marxistas. El país fue arrastrado a una guerra civil interminable de 27 años, alimentada por la militarización comunista y el apoyo extranjero.

Mozambique

Comunismo radical

Samora Machel (1975-1986) fue el líder del FRELIMO y principal responsable de instaurar un régimen Comunista de orientación marxistaleninista en Mozambique al proclamarse la independencia y asumir como primer presidente de Mozambique. Su régimen implantó campos de reeducación y trabajos forzados, persecución religiosa contra iglesias cristianas y líderes de fe, nacionalizaciones y colectivización que destruyeron la economía, represión política, arrestos arbitrarios y ejecuciones; políticas que provocaron hambrunas y el colapso agrícola y el inicio de una guerra civil devastadora.

Samora Machel dejó un país empobrecido, violentado y sometido al experimento comunista más radical del sur de África.

Burkina Faso

El proyecto marxista que impuso autoritarismo y persecución ideológica

Thomas Sankara (1983-1987) fue un líder militar marxista que intentó transformar Burkina Faso (antes Alto Volta) en un Estado de inspiración comunista mediante control absoluto, militarización y represión política. Tomó el poder por un golpe de Estado dirigido por un bloque militar marxista conocido como el Consejo Nacional de la Revolución. Desde el primer día instauró un modelo político inspirado en Cuba, Libia y otros regímenes revolucionarios de corte socialista.

Durante su gobierno, Sankara impulsó un modelo marxistaleninista que incluyó; Persecución política, arrestos de opositores, juicios revolucionarios sin garantías legales, supervisión militar de toda expresión crítica, control ideológico de la sociedad, censura de prensa, propaganda estatal obligatoria. castigo a quienes "no apoyaban la revolución", militarización del Estado, creación de comités de Defensa de la Revolución (CDR) para vigilar a la población, control armado de barrios, oficinas públicas y comunidades rurales, presión social y política constante hacia cualquier voz disidente, confiscaciones y violaciones a la propiedad privada, expropiaciones, intentos de colectivización inspirados en modelos marxistas africanos y cubanos, represión contra sindicatos y sectores religiosos, hostigamiento contra líderes de organizaciones civiles y religiosas, restricción de prácticas y reuniones que fuesen consideradas por el régimen comunista como contrarrevolucionarias.

Thomas Sankara tomó el poder en 1983, gobernó con un proyecto marxista autoritario, militarizó el país, persiguió opositores, censuró la prensa y destruyó libertades fundamentales hasta su caída violenta en 1987.

LA MALDICION COMUNISTA EN AMERICA

Cuba

La Dictadura Comunista

Fidel Castro (1959–2006/2011), líder del régimen comunista cubano, estableció en Cuba una de las dictaduras más represivas de América Latina. Su gobierno fue responsable de entre 7.000 y 12.000 ejecuciones documentadas, miles de muertes en prisiones, torturas, desapariciones y persecución sistemática contra toda forma de disidencia.

Bajo su mandato se llevaron a cabo masivas nacionalizaciones y la confiscación forzada de más de 250.000 propiedades privadas, destruyendo la economía privada y sometiendo a la población a un sistema totalitario de control.

Su dictadura eliminó la libertad de prensa, criminalizó la oposición política, envió a miles de ciudadanos a campos de trabajo forzado como las UMAP, provocó hambrunas, forzó a millones al exilio y convirtió el hambre, el miedo y la vigilancia estatal en instrumentos de dominación.

Durante casi medio siglo, Fidel Castro gobernó mediante fusilamientos, terror político y represión ideológica, dejando tras de sí un legado de miseria humana y destrucción social que continúa marcando profundamente a Cuba. En julio de 2006, tras una grave enfermedad, "delegó temporalmente" todos sus poderes en su hermano Raúl Castro.

Aunque dejó de gobernar en la práctica, Fidel mantuvo el título de Primer Secretario del Partido Comunista —la verdadera fuente de poder— hasta 2011, cuando renunció formalmente durante el VI Congreso del PCC.

Falleció el 25 de noviembre de 2016, dejando un país sometido, empobrecido y devastado por 49 años de represión. Su dictadura, una de las más prolongadas del continente, dejó una nación subyugada, empobrecida y sometida a una vigilancia permanente, marcando un capítulo oscuro en la historia de América Latina.

Raúl Castro (2006–2018): La continuidad represiva y la consolidación del militarismo totalitario

Raúl Castro, hermano menor de Fidel y arquitecto del aparato militar y represivo del régimen, asumió el poder de facto en 2006 y fue oficialmente designado Presidente en febrero de 2008. Desde ese momento consolidó un modelo de Estado policial basado en inteligencia militar, control territorial, vigilancia masiva y represión de toda disidencia política.

Como Ministro de las Fuerzas Armadas Revolucionarias durante casi cinco décadas, Raúl fue directamente responsable de:

a) Ejecuciones extrajudiciales en los primeros años revolucionarios.

b) La coordinación de ejecuciones masivas supervisadas por Ernesto "Che" Guevara en La Cabaña.

c) Intervenciones militares en África junto a la Unión Soviética.

d) La creación y expansión de la estructura represiva del Ministerio del Interior (MININT) y la Seguridad del Estado.

Durante su presidencia (2008–2018):

a) Mantuvo la censura total.

b) Intensificó las detenciones arbitrarias y la persecución de disidentes.

c) Reprimió protestas pacíficas y movimientos civiles.

d) Sometió la economía a un control militar extendido sobre hoteles, puertos, aeropuertos e industrias estratégicas.

En 2011 asumió el cargo de Primer Secretario del Partido Comunista, heredado de Fidel, consolidando el control absoluto del régimen.

Cedió formalmente la presidencia en 2018 y la jefatura del PCC en 2021, pero continuó siendo el poder real tras bastidores como líder histórico del ejército y garante de la continuidad dictatorial.

Miguel Díaz Canel (2018–Presente): El heredero obediente y ejecutor de la represión neocastrista

Miguel Díaz-Canel no ascendió al poder mediante elección popular ni por mérito propio. Fue designado por Raúl Castro como presidente del régimen. En 2018 asumió la presidencia y en 2021 el cargo de Primer Secretario del Partido Comunista, completando la transferencia formal del poder.

Su mandato ha representado una continuidad total del modelo castrista, con un incremento significativo en:

a) Crímenes contra la humanidad, especialmente desde las protestas del 11 de julio de 2021 (11J).

b) Represión masiva y encarcelamiento de más de 1.500 presos políticos, incluyendo menores, artistas, activistas, disidentes y ciudadanos comunes.

c) Juicios sumarios sin garantías legales.

d) Torturas documentadas, desapariciones temporales y violencia física contra manifestantes.

e) Censura total del internet y vigilancia digital.

f) Militarización de la vida civil mediante brigadas de choque y fuerzas especiales.

Díaz Canel también ha dirigido:

a) La peor crisis económica en 60 años.

b) Graves escaseces de alimentos, medicinas y electricidad.

c) Nuevas olas de éxodo masivo.

d) La continuidad de una economía militarizada controlada por el conglomerado GAESA bajo la supervisión de la familia Castro.

En esencia, actúa como administrador obediente del sistema represivo creado por Fidel y perfeccionado por Raúl.

Venezuela

El militar golpista que abrió las puertas al Comunismo y Socialismo del siglo XXI

Hugo Chávez Frías (1999-2013) fue un militar golpista que llegó al poder en 1999 con un proyecto inspirado en el totalitarismo cubano y revestido de un discurso de redención social que pronto se transformó en un régimen autoritario de corte comunista. Su gobierno marcó el inicio del colapso venezolano; destruyó las instituciones democráticas, subordinó el Poder Judicial al Ejecutivo, anuló la separación de poderes y persiguió toda forma de disidencia mediante juicios políticos, amenazas, detenciones arbitrarias y censura abierta contra la prensa independiente. Bajo su mando se impusieron nacionalizaciones masivas, expropiaciones sin compensación, controles económicos que arruinaron la industria privada, escasez generalizada y una corrupción estructural que desvió miles de millones de dólares del patrimonio nacional.

Su alianza con la dictadura cubana entregó áreas estratégicas del país, militarizó la vida civil y fomentó vínculos con movimientos subversivos y redes criminales que agravaron la violencia interna. Durante su gobierno se documentaron torturas, ejecuciones extrajudiciales, represión de protestas, presos políticos, violaciones sistemáticas de derechos humanos y la siembra de una ideología de confrontación que dividió al país y empujó al exilio a millones de venezolanos.

Chávez dejó una nación herida, empobrecida y sometida a un proyecto hegemónico que, tras su muerte, evolucionó hacia un sistema aún más represivo, consolidando así uno de los episodios más oscuros en la historia contemporánea de América Latina. Durante el gobierno de Hugo Chávez Frías,

Venezuela fue sometida a uno de los mayores saqueos financieros de la historia contemporánea.

Diversas investigaciones internacionales estiman que más de 300.000 millones de dólares fueron malversados, desviados o desaparecidos del patrimonio nacional mediante redes de corrupción, contratos fraudulentos, sobreprecios, lavado de dinero y operaciones opacas dentro de PDVSA.

Escándalos específicos revelan desfalcos de 4.200 millones de dólares en la estatal petrolera en un solo esquema delictivo, así como transacciones sospechosas por más de 4.800 millones de dólares vinculadas a funcionarios y operadores del chavismo en la red bancaria internacional. Bajo Chávez se consolidó una estructura de poder económico criminal que combinó corrupción, enriquecimiento ilícito y colusión con redes financieras globales, dejando un país empobrecido, una infraestructura colapsada y un agujero fiscal que marcó el inicio del derrumbe económico que luego se profundizaría bajo Maduro.

De Chofer a Narco-Dictador de Venezuela

Nicolás Maduro Moros, en el poder desde 2013, consolidó en Venezuela un régimen Comunista mutado en Estado mafioso, sostenido por el saqueo del erario, el narcotráfico y la represión sistemática. Bajo su dictadura, el país fue entregado a redes criminales que desviaron tanqueros de petróleo, tráfico ilegal de oro, destruyeron PDVSA, vaciaron las reservas internacionales y convirtieron los bienes públicos en fortunas privadas.

Su gobierno ha sido señalado por desapariciones forzadas, presos políticos, torturas, ejecuciones extrajudiciales, censura, fraude electoral recurrente y un colapso institucional que anuló toda noción de justicia.

La economía venezolana fue pulverizada mediante controles estatistas, corrupción masiva y políticas deliberadas que destruyeron el salario del trabajador, reduciéndolo a niveles inhumanos y provocando hambre generalizada. Al mismo tiempo, la cúpula gobernante se enriqueció mediante negocios ilícitos de petróleo, oro del Arco Minero, importaciones fraudulentas y empresas de maletín asociadas a familiares y operadores financieros del régimen.

Informes del Departamento del Tesoro de los Estados Unidos, auditorías internacionales y filtraciones bancarias globales describen redes de lavado de dinero, triangulación de cargamentos petroleros, venta ilegal de toneladas de oro y desvíos directos de fondos de PDVSA.

Solo en la estatal petrolera se estima que más de 25,000 millones de dólares fueron desviados durante los primeros años de Maduro, mientras el contrabando de oro supera 3,000 millones de dólares por año, y los programas de importaciones ficticias elevan el desfalco a cifras históricas.

El resultado; un país empobrecido, un territorio depredado por mafias armadas y un éxodo de más de ocho millones de venezolanos obligados a huir para sobrevivir.

Hoy, sobre Maduro pesa una recompensa de hasta 50 millones de dólares por narcotráfico, y su régimen es investigado por crímenes de lesa humanidad. Estimación total del saqueo bajo

Nicolás Maduro (2013–2025) El monto estimado del saqueo económico asociado a Maduro, su familia y su élite política oscila entre; 80.000 y 120.000 millones de dólares, una cifra que representa uno de los mayores expolios económicos cometidos en tiempos de paz en el hemisferio occidental.

Nicaragua

El guerrillero que convirtió un país en una prisión

Daniel Ortega, en el poder desde 2007 tras un retorno marcado por pactos corruptos y reformas constitucionales hechas a su medida, transformó a Nicaragua en un régimen Comunista de corte mafioso donde la represión es política de Estado. Su dictadura ha sido señalada por la ONU, la CIDH y organizaciones internacionales como responsable de crímenes de lesa humanidad, incluyendo asesinatos de manifestantes, torturas, desapariciones forzadas, encarcelamiento de opositores, persecución religiosa y expulsión de miles de ciudadanos.

Ortega destruyó el sistema democrático al eliminar la separación de poderes, anular elecciones libres, ilegalizar partidos políticos y encarcelar o exiliar a todos sus adversarios.

Junto a **Rosario Murillo**, consolidó un aparato de corrupción estructural que capturó todas las instituciones públicas, saqueó fondos estatales, controló los medios de comunicación y convirtió al Estado en un mecanismo de enriquecimiento personal y represión permanente. Su gobierno demuestra, una vez más, que el Comunismo aplicado al poder no libera pueblos; los somete, los empobrece y los silencia.

EPÍLOGO

El Juramento de la Libertad

La historia de la humanidad demuestra que ninguna oscuridad es eterna cuando un solo individuo decide encender una luz. Este Manifiesto nace precisamente de esa convicción; la libertad no se hereda, no se delega y mucho menos se mendiga; la libertad se ejerce, se defiende y se conquista cada día.

Frente al avance del Comunismo, esa doctrina que promete igualdad mientras cultiva miseria, que habla de justicia mientras destruye vidas, que proclama redención mientras crea tiranos— hemos decidido levantar la voz, no por odio, sino por deber moral.

Hoy dejamos establecido que ningún régimen, partido o líder podrá borrar la verdad fundamental; el ser humano nació para ser libre, no para obedecer ciegamente a Estados omnipotentes ni a ideologías que suprimen el pensamiento, la propiedad y la dignidad. A lo largo de continentes enteros, el Comunismo logró arrebatar libertades, aplastar economías, asesinar a millones de seres humanos y destruir naciones; pero también encontró pueblos que resistieron, ciudadanos que no se arrodillaron y generaciones que mantuvieron viva la llama de la libertad cuando todo parecía perdido.

Este Manifiesto no concluye aquí; se proyecta hacia adelante como un llamado solemne a los libertarios, a los emprendedores, a los trabajadores, a los soñadores y a cada ser humano que rechaza ser tratado como engranaje de un Estado totalitario.

Nuestra tarea es clara; despertar conciencias, denunciar abusos, resistir la opresión y actuar sin descanso en defensa del Capitalismo democrático, del libre mercado, de la propiedad privada y de la creatividad humana como motores del progreso.

Hoy sellamos este documento con la certeza de que la verdad siempre encuentra el camino, la libertad siempre regresa y la dignidad humana jamás será derrotada por doctrinas que nacieron para fracasar.

Esta no es una despedida; es un juramento. Un compromiso con la historia, con nuestras naciones y con quienes aún no han nacido. Porque mientras exista un solo hombre dispuesto a defender su derecho a ser libre, el Comunismo nunca podrá reclamar victoria.

Este es, y seguirá siendo por generaciones,

El Manifiesto del Anticomunismo Permanente.

"Quiero vivir libre para siempre"
"Manteniendo a los comunistas lejos de mi"

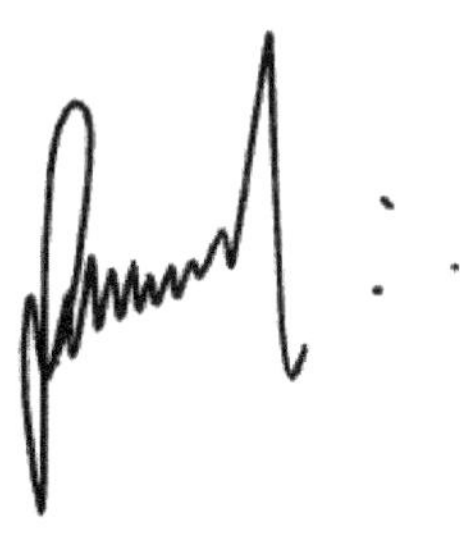

Osmer Martínez

Houston Texas

Estados Unidos

21 de Noviembre 2025

"Manteniendo a los comunistas lejos de mi"

"Manteniendo el comunismo lejos de mi"

"Quiero ser libre para siempre"